100 Preguntas civica para el Examen de Ciudadania Americana 2023-2024

Espanol y Ingles de preparacion naturalizacion [Spanish]

J. M. Lefort

Table of Contents

Introducción

Función del test

El test de naturalización es para ciudadanos no estadounidenses que esperan convertirse en ciudadanos estadounidenses. La prueba de naturalización se lleva a cabo durante la entrevista de ciudadanía estadounidense. Después de pasar la entrevista de ciudadanía estadounidense, hará un juramento de lealtad en una ceremonia de naturalización.

Administración y formato del test

Quienes deseen convertirse en ciudadanos estadounidenses primero deben solicitar la naturalización y asegurarse de cumplir con los requisitos. Posteriormente, el test de naturalización se realizará en la entrevista de naturalización.

Durante la entrevista de naturalización, un oficial de USCIS le hará preguntas sobre sus antecedentes y su solicitud. Después hará un test de inglés y un test de educación cívica. Esta guía es solamente para el examen de educación cívica.

El examen de educación cívica lo evalúa sobre la historia de los EE. UU. y el conocimiento del gobierno. Un oficial de USCIS le hará las preguntas. Posteriormente, usted dirá las respuestas en voz alta.

Consejos para el examen

En ocasiones una pregunta tiene varias respuestas correctas. Por ejemplo:

¿Qué hace la rama judicial?

- revisa las leyes
- explica las leyes
- resuelve disputas (desacuerdos)
- decide si una ley va en contra de la Constitución

Para esta pregunta, las cuatro respuestas mencionadas son correctas. Solamente debe decir una de esas respuestas.

Otras preguntas también tienen varias respuestas correctas y requieren que dé varias respuestas:

¿Cuáles son dos puestos a nivel de gabinete?

- Secretario de Agricultura
- Secretario de Comercio
- Secretario de Defensa
- Secretario de Educación
- Secretario de Energía
- Secretario de Salud y Servicios Humanos
- Secretario de Seguridad Nacional
- Secretario de Vivienda y Desarrollo Urbano
- Secretario del Interior
- Secretario del Trabajo
- Secretario de Estado
- Secretario de Transporte
- Secretario del Tesoro
- Secretario de Asuntos de los Veteranos
- Procurador General
- Vicepresidente

En este caso, todas estas respuestas son correctas y debe decir dos de las respuestas.

Asegúrese de leer las preguntas cuidadosamente para saber cuántas respuestas tiene que memorizar.

Online Resources

A lo largo del libro hay enlaces a nuestro sitio web. Algunas respuestas cambian o son específicas para cada examinado. El sitio web ofrece información actualizada para ayudarlo a prepararse.

Puedes usar este enlace o escanear el código QR con tu teléfono:

apexprep.com/civica

Cómo utilizar este libro

Si usted tiene 65 años o más y ha sido residente permanente legal de los Estados Unidos por 20 años o más, usted solo necesita estudiar las preguntas marcadas con un asterisco (*). También podrá hacer el test en español.

Sin embargo, la mayoría de las personas que hacen el test tendrán que hacerlo en inglés. Por esta razón, hemos proporcionado las preguntas y respuestas en inglés y español. Las preguntas y respuestas en español son para ayudar con la comprensión. Sin embargo, deberá memorizar las preguntas y respuestas en inglés.

GOBIERNO ESTADOUNIDENSE

A: Principios de la democracia estadounidense

1. ¿Cuál es la ley suprema de la nación?

- la Constitución

1. What is the supreme law of the land?

- The Constitution

La ley suprema es la Constitución. El gobierno no puede aprobar una ley que vaya en contra de la Constitución. La Corte Suprema puede decir que las leyes estatales o federales son ilegales si una nueva ley va en contra de la Constitución.

2. ¿Qué hace la Constitución?

- establece el gobierno
- define el gobierno
- protege los derechos básicos de los ciudadanos estadounidenses

2. What does the Constitution do?

- Sets up the government
- Defines the government
- Protects the basic rights of Americans

La Constitución establece un gobierno nacional compuesto por tres poderes: legislativo, ejecutivo y judicial. La Constitución también divide el poder federal y estatal. Por último, la Constitución protege las libertades de los ciudadanos descritas en la Declaración de Derechos.

3. Las primeras tres palabras de la Constitución contienen la idea del autogobierno (de que el pueblo se gobierna a sí mismo). ¿Cuáles son estas palabras?

- Nosotros, el pueblo

3. The idea of self-government is in the first three words of the Constitution. What are these words?

- We the People

La primera frase de la Constitución (llamada el Preámbulo) es esta: "Nosotros, el Pueblo de los Estados Unidos, a fin de formar una Unión más perfecta, establecer Justicia, asegurar la tranquilidad interior, proveer para la defensa común, promover el bienestar general y asegurar para nosotros y para nuestra prosperidad los beneficios de la Libertad, establecemos y sancionamos esta Constitución para los Estados Unidos de América". El preámbulo explica la razón por la que se escribió la Constitución.

4. ¿Qué es una enmienda?

- un cambio (a la Constitución)
- una adición (a la Constitución)

4. What is an amendment?

- A change to the Constitution
- An addition to the Constitution

Las enmiendas son la única forma de cambiar la Constitución. Para convertirse en una parte utilizable de la Constitución, una enmienda tiene que ser aprobada por las tres cuartas partes de las legislaturas o convenios de ratificación estatal. Después del consentimiento del Archivero, la enmienda puede avanzar como parte de la Constitución.

5. ¿Con qué nombre se conocen las primeras diez enmiendas a la Constitución?

- la Carta de Derechos

5. What do we call the first ten amendments to the Constitution?

- The Bill of Rights

La Declaración de Derechos fue aprobada en 1791. Promete derechos y libertades personales. Limita el poder del gobierno. También dice que los poderes no delegados al Congreso deben reservarse para los estados o el pueblo.

6. ¿Cuál es un derecho o libertad que la Primera Enmienda garantiza?*

- expresión
- religión
- reunión
- prensa
- peticionar al gobierno

6. What is one right or freedom from the First Amendment?*

- Speech
- Religion
- Assembly
- Press
- Petition the government

La primera enmienda es esta: "El Congreso no hará ninguna ley con respecto al establecimiento de una religión, o que prohíba el libre ejercicio de la misma; o coartando la libertad de expresión, o de prensa; o el derecho del pueblo a reunirse pacíficamente y solicitar al Gobierno la reparación de agravios".

7. ¿Cuántas enmiendas tiene la Constitución?

- veintisiete (27)

7. How many amendments does the Constitution have?

- Twenty-seven (27)

La Constitución tiene 27 enmiendas. Las diez primeras enmiendas se adoptaron al mismo tiempo. Estas se llaman la Declaración de Derechos. No es ideal que la Constitución cambie constantemente. Es por esto por lo que las enmiendas deben ser propuestas y aprobadas antes de entrar en vigor.

8. ¿Qué hizo la Declaración de Independencia?

- anunció nuestra independencia (de Gran Bretaña)
- declaró nuestra independencia (de Gran Bretaña)
- dijo que los Estados Unidos se independizó (de Gran Bretaña)

8. What did the Declaration of Independence do?

- Announced our independence from Great Britain
- Declared our independence from Great Britain
- Stated that the United States is free from Great Britain

La Declaración de Independencia es una declaración escrita. Anunció la independencia de Gran Bretaña. Declaró que las colonias eran trece estados independientes. La Declaración de Independencia fue aprobada el 4 de julio de 1776.

9. ¿Cuáles son dos derechos en la Declaración de la Independencia?

- la vida
- la libertad
- la búsqueda de la felicidad

9. What are <u>two</u> rights in the Declaration of Independence?

- Life
- Liberty
- Pursuit of happiness

Hay tres derechos inalienables mencionados en la Constitución. Estos son la vida, la libertad y la búsqueda de la felicidad. La frase está tomada de este fragmento: "Sostenemos que estas verdades son evidentes, que todos los hombres son creados iguales, que su Creador los dotó de ciertos derechos inalienables, que entre estos están la vida, la libertad y la búsqueda de la felicidad".

10. ¿En qué consiste la libertad de religión?

- Se puede practicar cualquier religión o no practicar ninguna.

10. What is freedom of religion?

- You can practice any religion, or not practice a religion.

La libertad de religión se describe en la Primera Enmienda. Dice que el Congreso no puede hacer una ley con respecto al establecimiento de una religión. También dice que el Congreso no puede hacer una ley que prohíba la práctica de una religión.

11. ¿Cuál es el sistema económico de los Estados Unidos?*

- economía capitalista
- economía de mercado

11. What is the economic system in the United States?*

- Capitalist economy
- Market economy

El sistema económico en los Estados Unidos es una economía de mercado. Esto significa que EE. UU. tiene productores y consumidores individuales que deciden sobre los bienes y servicios. También deciden sus propios precios. El gobierno juega un papel limitado en la economía de mercado de los Estados Unidos. Sin embargo, sí proporciona programas de asistencia, defensa nacional y carreteras y aeropuertos interestatales.

12. ¿En qué consiste el "estado de derecho" (ley y orden)?

- Todos deben obedecer la ley
- Los líderes deben obedecer la ley
- El gobierno debe obedecer la ley
- Nadie está por encima de la ley

12. What is the "rule of law"?

- Everyone must follow the law.
- Leaders must obey the law.
- Government must obey the law.
- No one is above the law.

"Estado de derecho" es cómo las leyes de un país influyen en la sociedad y su gente. El estado de derecho es un ideal en el que todos son tratados por igual ante la ley. El rango o la riqueza de alguien no se tienen en cuenta en el estado de derecho. Todos son tratados igual.

B: Sistema de gobierno

13. Nombre una rama o parte del gobierno.*

- Congreso
- Poder legislativo
- Presidente
- Poder ejecutivo
- Los tribunales
- Poder judicial

13. Name one branch or part of the government.*

- Congress
- Legislative
- President
- Executive
- The courts
- Judicial

Los tres poderes del Estado son el legislativo, el ejecutivo y el judicial. El presidente es parte del poder ejecutivo. El Congreso constituye el poder legislativo. Los tribunales (Tribunal Supremo y tribunales inferiores) conforman el poder judicial.

14. ¿Qué es lo que evita que una rama del gobierno se vuelva demasiado poderosa?

- pesos y contrapesos
- separación de poderes

14. What stops <u>one</u> branch of government from becoming too powerful?

- Checks and balances
- Separation of powers

La separación de poderes es cuando el gobierno se divide en ramas separadas. Evita que una rama se vuelva demasiado poderosa. En los Estados Unidos, los poderes judicial, legislativo y ejecutivo están separados. Tienen el poder de "controlarse" entre sí para asegurarse de que el equilibrio sea igual. El poder de estas ramas para controlarse entre sí se denomina "pesos y contrapesos".

15. ¿Quién está a cargo de la rama ejecutiva?

- el Presidente

15. Who is in charge of the executive branch?

- The president

El presidente es el jefe del poder ejecutivo. El poder ejecutivo está constituido para hacer cumplir y ejecutar la ley. El presidente también actúa como Comandante en Jefe de las Fuerzas Armadas.

16. ¿Quién crea las leyes federales?

- el Congreso
- el Senado y la Cámara (de Representantes)
- la legislatura (nacional o de los Estados Unidos)

16. Who makes federal laws?

- Congress
- Senate and House of Representatives
- U.S. or national legislature

La rama que redacta las leyes se conoce como rama legislativa. Este poder está compuesto por dos cámaras: el Senado y la Cámara de Representantes, también conocida como Congreso. La legislatura de EE. UU., el Congreso o el Senado y la Cámara de Representantes son todas respuestas apropiadas.

17. ¿Cuáles son las dos partes que integran el Congreso de los Estados Unidos?*

- el Senado y la Cámara (de Representantes)

17. What are the two parts of the U.S. Congress?*

- The Senate and the House of Representatives

El Senado y la Cámara de Representantes forman el Congreso. Esta parte del gobierno se considera el poder legislativo bicameral. Crea y escribe las leyes.

18. ¿Cuántos senadores de los Estados Unidos hay?

- cien (100)

18. How many U.S. Senators are there?

- One hundred (100)

Hay 2 senadores elegidos para representar a cada estado. Hay 50 estados. Por lo tanto, hay 100 senadores.

19. ¿De cuántos años es el término de elección de un senador de los Estados Unidos?

- seis (6)

19. We elect a U.S. Senator for how many years?

- Six (6)

Los senadores estadounidenses permanecen en el cargo durante 6 años. Un tercio de los miembros del Senado se elige cada dos años.

20. Nombre a uno de los senadores actuales del estado donde usted vive.*

20. Who is <u>one</u> of your state's U.S. Senators now?*

- Las respuestas variarán. [Los residentes del Distrito de Columbia y los territorios de los Estados Unidos deberán contestar que D.C. (o territorio en donde vive el solicitante) no cuenta con senadores a nivel nacional].

Las respuestas variarán según su estado. Puede encontrar a sus senadores de EE. UU. aquí:

apexprep.com/civica

21. ¿Cuántos miembros votantes tiene la Cámara de Representantes?

- cuatrocientos treinta y cinco (435)

21. The House of Representatives has how many voting members?

- Four hundred thirty-five (435)

La Cámara de Representantes es parte del Congreso de los Estados Unidos. Se considera la cámara baja. El Senado es considerado la cámara alta. Los miembros de la Cámara son elegidos para los estados en función de la población. Es por eso que cada número de miembros de la Cámara por estado es diferente.

22. ¿De cuántos años es el término de elección de un representante de los Estados Unidos?

- dos (2)

22. We elect a U.S. Representative for how many years?

- Two (2)

Los representantes son elegidos por períodos de dos años. Su reelección se considera en años pares.

23. Dé el nombre de su representante a nivel nacional.

- Las respuestas variarán. [Los residentes de territorios con delegados no votantes o los comisionados residentes pueden decir el nombre de dicho delegado o comisionado. Una respuesta que indica que el territorio no tiene representantes votantes en el Congreso también es aceptable].

Puede encontrar su representante de EE. UU. aquí:

whoismyrepresentative.com

24. ¿A quiénes representa un senador de los Estados Unidos?

- a todas las personas del estad

24. Who does a U.S. Senator represent?

- All people of that state

Un senador de los EE. UU. representa al pueblo de su estado.

25. ¿Por qué tienen algunos estados más representantes que otros?

- (debido a) la población del estado
- (debido a que) tienen más gente
- (debido a que) algunos estados tienen más gente

25. Why do some states have more Representatives than other states?

- The state's population
- They have more people
- Some states have more people

El número de representantes de los Estados Unidos que tiene un estado depende de la población del estado. Por ejemplo, la población de California es de 39,54 millones y tiene 53 representantes. Asimismo, Alaska tiene una población de 739.795 y tiene 1 representante.

26. ¿De cuántos años es el término de elección de un presidente?

- cuatro (4)

26. We elect a President for how many years?

- Four (4)

Los presidentes tienen mandatos de cuatro años. Una vez transcurridos los cuatro años, pueden ser elegidos por otros cuatro años. Esto suma un total de ocho años que una persona puede ser presidente. Si un presidente es elegido para el cargo por sucesión (llenando el mandato incompleto de un presidente anterior), la mayor cantidad de años que puede servir es de 10 años, pero no más que eso.

27. ¿En qué mes votamos por un nuevo presidente?*

- Noviembre

27. In what month do we vote for President?*

- November

En un año electoral, las elecciones presidenciales tienen lugar el primer martes después del primer lunes de noviembre. Así, podrán tener lugar del 2 al 8 de noviembre.

28. ¿Cómo se llama el actual Presidente de los Estados Unidos?*

- Joseph R. Biden, Jr.
- Joe Biden
- Biden

28. What is the name of the President of the United States now?*

- Joseph R. Biden, Jr.
- Joe Biden
- Biden

Esto puede cambiar. Visite apexprep.com/civica para obtener la información más reciente.

29. ¿Cómo se llama el actual Vicepresidente de los Estados Unidos?

- Kamala D. Harris
- Kamala Harris
- Harris

29. What is the name of the Vice President of the United States now?

- Kamala D. Harris
- Kamala Harris
- Harris

Esto puede cambiar. Visite apexprep.com/civica para obtener la información más reciente.

30. Si el Presidente ya no puede cumplir sus funciones, ¿quién se convierte en Presidente?

- el Vicepresidente

30. If the President can no longer serve, who becomes President?

- The Vice President

El vicepresidente es el primero en la línea para suceder al presidente si algo sucediera.

31. Si tanto el Presidente como el Vicepresidente ya no pueden cumplir sus funciones, ¿quién se convierte en Presidente?

- el Presidente de la Cámara de Representantes

31. If both the President and the Vice President can no longer serve, who becomes President?

- The Speaker of the House

Si el presidente ya no puede servir, el orden de sucesión es: vicepresidente, presidente de la Cámara, presidente del Senado, secretario de Estado y secretario del Tesoro.

32. ¿Quién es el Comandante en Jefe de las Fuerzas Armadas?

- el Presidente

32. Who is the Commander in Chief of the military?

- The President

El Presidente es el jefe de la oficina ejecutiva y Comandante en Jefe de las fuerzas armadas. Así lo establece el artículo II, fracción 2, inciso I de la Constitución.

33. ¿Quién firma los proyectos de ley para convertirlos en ley?

- el Presidente

33. Who signs bills to become laws?

- The President

El proyecto de ley debe ser aprobado por el Senado y la Cámara de Representantes por mayoría de votos. Luego se envía al Presidente para que firme o vete.

34. ¿Quién veta los proyectos de ley?

- el Presidente

34. Who vetoes bills?

- The President

El presidente tiene la capacidad de vetar proyectos de ley. Si el presidente veta un proyecto de ley, vuelve al Congreso. El Congreso puede luego pasar a votar nuevamente sobre el tema.

35. ¿Qué hace el Gabinete del Presidente?

- asesora al Presidente

35. What does the President's Cabinet do?

- Advises the President

El presidente nombra al Gabinete con la aprobación del Senado para que sean secretarios de los siguientes departamentos: Estado, Defensa, Trabajo, Educación, Interior, Agricultura, Transporte, Hacienda, Energía, Vivienda y Desarrollo Urbano, Comercio, Seguridad Nacional, Salud y Servicios Humanos y Asuntos de Veteranos. Un cargo designado adicional en el gabinete es el de fiscal general.

36. ¿Cuáles son dos puestos a nivel de gabinete?

- Secretario de Agricultura
- Secretario de Comercio
- Secretario de Defensa
- Secretario de Educación
- Secretario de Energía
- Secretario de Salud y Servicios Humanos
- Secretario de Seguridad Nacional
- Secretario de Vivienda y Desarrollo Urbano
- Secretario del Interior
- Secretario del Trabajo
- Secretario de Estado
- Secretario de Transporte
- Secretario del Tesoro
- Secretario de Asuntos de los Veteranos
- Procurador General
- Vicepresidente

36. What are two Cabinet-level positions?

- Secretary of Agriculture
- Secretary of Commerce
- Secretary of Defense
- Secretary of Education
- Secretary of Energy
- Secretary of Health and Human Services
- Secretary of Homeland Security
- Secretary of Housing and Urban Development
- Secretary of the Interior
- Secretary of Labor
- Secretary of State
- Secretary of Transportation
- Secretary of the Treasury
- Secretary of Veterans Affairs
- Attorney General
- Vice President

El vicepresidente, el fiscal general o los jefes de los 15 departamentos ejecutivos cuentan como respuestas correctas.

37. ¿Qué hace la rama judicial?

- revisa las leyes
- explica las leyes
- resuelve disputas (desacuerdos)
- decide si una ley va en contra de la Constitución

37. What does the judicial branch do?

- Reviews laws
- Explains laws
- Resolves disputes
- Decides if a law goes against the Constitution

El poder judicial interpreta las leyes y resuelve las disputas a través del sistema judicial. La Corte Suprema es el tribunal supremo. Hay cinco tipos de tribunales que están subordinados a la Corte Suprema: los tribunales de bancarrotas de los Estados Unidos, el Tribunal de Apelaciones del Circuito Federal de los Estados Unidos, los tribunales de apelaciones de los Estados Unidos, el Tribunal de Comercio Internacional de los Estados Unidos y los tribunales de distrito de los Estados Unidos.

38. ¿Cuál es el tribunal más alto de los Estados Unidos?

- la Corte Suprema

38. What is the highest court in the United States?

- The Supreme Court

La Corte Suprema se estableció en 1789. Tiene autoridad sobre todas las demás cortes de los EE. UU. Uno de los poderes de la Corte es la revisión judicial. La revisión judicial es la capacidad de invalidar una ley por violar la Constitución. En promedio, la Corte Suprema recibe 7 000 casos al año. Acuerda escuchar solo alrededor de 150 de esos casos.

39. ¿Cuántos jueces hay en la Corte Suprema?

- Nueve (9)

39. How many justices are on the Supreme Court?

- Nine (9)

Los jueces de la Corte Suprema cumplen sentencias perpetuas. Por lo tanto, sirven hasta que mueren, se jubilan o son acusados y retirados de la corte.

El número de jueces puede cambiar. Visite apexprep.com/cívica para obtener la información más reciente.

40. ¿Quién es el presidente actual de la Corte Suprema de los Estados Unidos?

- John Roberts (John G. Roberts, Jr.)

40. Who is the Chief Justice of the United States now?

- John Roberts (John G. Roberts, Jr.)

Esto puede cambiar. Visita apexprep.com/civica para la última información.

41. De acuerdo a nuestra Constitución, algunos poderes pertenecen al gobierno federal. ¿Cuál es un poder del gobierno federal?

- imprimir dinero
- declarar la guerra
- crear un ejército
- suscribir tratados

41. Under our Constitution, some powers belong to the federal government. What is <u>one</u> power of the federal government?

- To print money
- To declare war
- To create an army
- To make treaties

Los poderes otorgados al Gobierno Federal se enumeran específicamente en la Constitución en el Artículo I, Sección 8. Esto otorga al Gobierno Federal el poder de acuñar moneda, regular el comercio, declarar la guerra, formar y mantener las fuerzas armadas y establecer una Oficina de Correos.

42. De acuerdo a nuestra Constitución, algunos poderes pertenecen a los estados. ¿Cuál es un poder de los estados?

- proveer escuelas y educación
- proveer protección (policía)
- proveer seguridad (cuerpos de bomberos)
- conceder licencias de conducir
- aprobar la zonificación y uso de la tierra

42. Under our Constitution, some powers belong to the states. What is <u>one</u> power of the states?

- Provide schooling and education
- Provide protection (police)
- Provide safety (fire departments)
- Give a driver's license
- Approve zoning and land use

Las bibliotecas, las escuelas, los departamentos de policía y la emisión de licencias de conducir y multas de estacionamiento son responsabilidad de los gobiernos estatales y locales. La décima enmienda de la Constitución dice que "los poderes no delegados a los Estados Unidos por la Constitución... están reservados a los Estados respectivamente, o al pueblo".

43. ¿Quién es el gobernador actual de su estado?

- Las respuestas variarán. [Los residentes del Distrito de Columbia deben decir "no tenemos gobernador"].

43. Who is the Governor of your state now?

- Answers will vary

Puede encontar a su gobernadora aquí:

apexprep.com/civica

Los gobernadores son los funcionarios electos de más alto rango en el estado. Sus deberes incluyen firmar proyectos de ley, servir como comandantes en jefe de la Guardia Nacional del estado y nombrar personas para varios cargos, entre otros.

44. ¿Cuál es la capital de su estado?*

- Las respuestas variarán. [Los residentes del Distrito de Columbia deben contestar que el D.C. no es estado y que no tiene capital. Los residentes de los territorios de los Estados Unidos deben dar el nombre de la capital del territorio].

44. What is the capital of your state?*

- Answers will vary. (District of Columbia residents should answer that D.C. is not a state and does not have a capital.)

Las capitales estatales sirven como el centro de gobierno de cada estado.

Puede encontrar la capital de su estado aquí o ir a apexprep.com/civica:

Estado	Capital
Alabama	Montgomery
Alaska	Juneau
Arizona	Phoenix
Arkansas	Little Rock
California	Sacramento
Colorado	Denver

Estado	Capital
Connecticut	Hartford
Delaware	Dover
Florida	Tallahassee
Georgia	Atlanta
Hawaii	Honolulu
Idaho	Boise
Illinois	Springfield
Indiana	Indianapolis
Iowa	Des Moines
Kansas	Topeka
Kentucky	Frankfort
Louisiana	Baton Rouge
Maine	Augusta
Maryland	Annapolis
Massachusetts	Boston
Michigan	Lansing
Minnesota	Saint Paul
Mississippi	Jackson
Missouri	Jefferson City
Montana	Helena
Nebraska	Lincoln
Nevada	Carson City
New Hampshire	Concord
New Jersey	Trenton
New Mexico	Santa Fe
New York	Albany
North Carolina	Raleigh
North Dakota	Bismarck
Ohio	Columbus
Oklahoma	Oklahoma City
Oregon	Salem
Pennsylvania	Harrisburg
Rhode Island	Providence

Estado	Capital
South Carolina	Columbia
South Dakota	Pierre
Tennessee	Nashville
Texas	Austin
Utah	Salt Lake City
Vermont	Montpelier
Virginia	Richmond
Washington	Olympia
West Virginia	Charleston
Wisconsin	Madison
Wyoming	Cheyenne

45. ¿Cuáles son los dos principales partidos políticos de los Estados Unidos?*

- Demócrata y Republicano

45. What are the two major political parties in the United States?*

- Democratic and Republican

Tanto un demócrata como un republicano han ganado todas las elecciones presidenciales desde 1852. Tanto los demócratas como los republicanos han controlado el Congreso desde al menos 1856.

46. ¿Cuál es el partido político del Presidente actual?

- Democrático (partido)

46. What is the political party of the President now?

- Democratic (party)

Esto puede cambiar. Visite apexprep.com/civica para obtener información actualizada.

47. ¿Cómo se llama el Presidente actual de la Cámara de Representantes?

- Nancy Pelosi
- Pelosi

47. What is the name of the Speaker of the House of Representatives now?

- Nancy P. Pelosi
- Nancy Pelosi
- Pelosi

Esto puede cambiar. Visite apexprep.com/civica para obtener información actualizada.

El Portavoz de la Cámara de Representantes es el líder político y parlamentario de la Cámara de Representantes. El Portavoz sirve como segundo en la línea para ser Presidente (después del Vicepresidente).

C: Derechos y responsabilidades

48. Existen cuatro enmiendas a la Constitución sobre quién puede votar. Describa una de ellas.

- Ciudadanos de dieciocho (18) años en adelante (pueden votar).
- No se exige pagar un impuesto para votar (el impuesto para acudir a las urnas o "poll tax" en inglés). Cualquier ciudadano puede votar. (Tanto mujeres como hombres pueden votar).
- Un hombre ciudadano de cualquier raza (puede votar).

48. There are four amendments to the Constitution about who can vote. Describe one of them.

- 26th Amendment: Citizens eighteen (18) and older can vote.
- 24th Amendment: You don't have to pay (a poll tax) to vote.
- 19th Amendment: Any citizen (women and men) can vote.
- 15th Amendment: A male citizen of any race (can vote).

La enmienda 15 dice que todos los hombres estadounidenses de todas las razas pueden votar. La enmienda 19 dio a las mujeres el derecho al voto. La enmienda 24 hizo que los impuestos electorales fueran ilegales. La enmienda 26 redujo la edad para votar de 21 a 18 años.

49. ¿Cuál es una responsabilidad que corresponde sólo a los ciudadanos de los Estados Unidos?*

- prestar servicio en un jurado
- votar en una elección federal

49. What is <u>one</u> responsibility that is only for United States citizens?*

- Serve on a jury
- Vote in a federal election

Las responsabilidades de los ciudadanos incluyen servir en un jurado y votar en una elección federal. Participar en el proceso de votación y en el sistema judicial es importante en una sociedad democrática.

50. ¿Cuál es un derecho que pueden ejercer sólo los ciudadanos de los Estados Unidos?

- votar en una elección federal
- postularse a un cargo político federal

50. Name <u>one</u> right only for United States citizens.

- Vote in a federal election
- Run for federal office

Los derechos de los ciudadanos aseguran que Estados Unidos siga siendo libre y próspero. Los derechos dan a los ciudadanos la oportunidad de participar en el proceso democrático.

51. ¿Cuáles son dos derechos que pueden ejercer todas las personas que viven en los Estados Unidos?

- libertad de expresión
- libertad de la palabra
- libertad de reunión
- libertad para peticionar al gobierno
- libertad de religión
- derecho a portar armas

51. What are two rights of everyone living in the United States?

- Freedom of expression
- Freedom of speech
- Freedom of assembly
- Freedom to petition the government
- Freedom of religion
- The right to bear arms

Todas las personas que viven en los Estados Unidos tienen los derechos anteriores que se describen en la Declaración de Derechos.

52. ¿A qué demostramos nuestra lealtad cuando decimos el Juramento de Lealtad (Pledge of Allegiance)?

- a los Estados Unidos
- a la bandera

52. What do we show loyalty to when we say the Pledge of Allegiance?

- The United States
- The flag

El Pledge of Allegiance es un juramento que expresa lealtad a la bandera y al país.

53. ¿Cuál es una promesa que usted hace cuando se convierte en ciudadano de los Estados Unidos?

- renunciar a la lealtad a otros países
- defender la Constitución y las leyes de los Estados Unidos
- obedecer las leyes de los Estados Unidos
- prestar servicio en las Fuerzas Armadas de los Estados Unidos (de ser necesario)
- prestar servicio a (realizar trabajo importante para) la nación (de ser necesario)
- ser leal a los Estados Unidos

53. What is <u>one</u> promise you make when you become a United States citizen?

- Give up loyalty to other countries
- Defend the Constitution and laws of the United States
- Obey the laws of the United States
- Serve in the U.S. military (if needed)
- Serve the nation
- Be loyal to the United States

El juramento de lealtad pide a los ciudadanos que prometan defender a los EE. UU., renunciar a la lealtad a otros países, servir en el ejército o en otro lugar si es necesario y obedecer las leyes de los EE. UU.

54. ¿Cuántos años tienen que tener los ciudadanos para votar por el Presidente?*

- dieciocho (18) años en Adelante

54. How old do citizens have to be to vote for President?*

- Eighteen (18) and older

Los ciudadanos deben tener dieciocho años o más para votar por el presidente. La edad se cambió de 21 a 18 en 1971 después de la Guerra de Vietnam.

55. ¿Cuáles son dos maneras mediante las cuales los ciudadanos americanos pueden participar en su democracia?

- votar
- afiliarse a un partido político
- ayudar en una campaña
- unirse a un grupo cívico
- unirse a un grupo comunitario
- compartir su opinión acerca de un asunto con un oficial electo
- llamar a los senadores y representantes
- apoyar u oponerse públicamente a un asunto o política
- postularse a un cargo politico
- enviar una carta o mensaje a un periódico

55. What are <u>two</u> ways that Americans can participate in their democracy?

- Vote
- Join a political party
- Help with a campaign
- Join a civic group
- Join a community group
- Give an elected official your opinion on an issue
- Call Senators and Representatives
- Publicly support or oppose an issue or policy
- Run for office
- Write to a newspaper
- Participating in a democracy

Dado que el gobierno de los Estados Unidos es una democracia representativa, es importante que los ciudadanos participen en el proceso democrático. Esto es para que puedan tener representación. Los ciudadanos eligen a los funcionarios. Estos funcionarios representan las preocupaciones de los ciudadanos por el país. Parte de participar en el proceso democrático es votar, convocar a senadores y representantes, expresar opiniones públicas y ayudar con las campañas.

56. ¿Cuál es la fecha límite para enviar la declaración federal de impuestos sobre ingresos?*

- el 15 de abril

56. When is the last day you can send in federal income tax forms?*

- April 15

El último día para presentar declaraciones de impuestos al gobierno federal es el 15 de abril de cada año.

57. ¿Cuándo deben inscribirse todos los hombres en el Servicio Selectivo?

- a la edad de dieciocho (18) años
- entre los dieciocho (18) y veintiséis (26) años de edad

57. When must all men register for the Selective Service?

- At age eighteen (18)
- Between eighteen and twenty-six (18 and 26)

El Servicio Seleccionado es una agencia de los Estados Unidos que mantiene información sobre aquellos que pueden estar listos para un reclutamiento. Todos los hombres ciudadanos estadounidenses y los hombres inmigrantes no ciudadanos deben registrarse dentro de los 30 días posteriores a su cumpleaños número 18.

HISTORIA ESTADOUNIDENSE

A: Época colonial e independencia

58. ¿Cuál es una razón por la que los colonos vinieron a América?

- libertad
- libertad política
- libertad religiosa
- oportunidad económica
- para practicar su religión
- para huir de la persecución

58. What is <u>one</u> reason colonists came to America?

- Freedom
- Political liberty
- Religious freedom
- Economic opportunity
- Practice their religion
- Escape persecution

Los colonos europeos llegaron a América desde Inglaterra, Francia, España y los Países Bajos a finales del siglo XVI. Querían escapar de la persecución. También querían libertad política y religiosa.

59. ¿Quiénes vivían en lo que hoy conocemos como los Estados Unidos antes de la llegada de los europeos?

- Indios americanos
- Nativos americanos

59. Who lived in America before the Europeans arrived?

- American Indians
- Native Americans

Los indios americanos son indígenas de los Estados Unidos. Hoy hay 562 tribus nativas americanas en los Estados Unidos. Los Cherokee, Sioux y Navajo son las tribus más grandes.

60. ¿Qué grupo de personas fue traído a los Estados Unidos y vendidos como esclavos?

- Africanos
- gente de África

60. What group of people was taken to America and sold as slaves?

- Africans
- People from Africa

La esclavitud en América comenzó en 1619. Terminó en 1865 con la adopción de la enmienda 13 después de la Guerra Civil.

61. ¿Por qué lucharon los colonos contra los británicos?

- debido a los impuestos altos (impuestos sin representación)
- el ejército británico estaba en sus casas (alojándose, acuartelándose)
- porque no tenían gobierno propio

61. Why did the colonists fight the British?

- Because of high taxes (taxation without representation)
- Because the British army stayed in their houses (boarding, quartering)
- Because they didn't have self-government

Los colonos lucharon contra los británicos porque querían la independencia de Gran Bretaña. Los colonos sintieron que el rey Jorge III y el ejército británico se estaban aprovechando de ellos a través de impuestos elevados y leyes de embarque. Los colonos no se gobernaban a sí mismos y, por lo tanto, querían liberarse de la tiranía.

62. ¿Quién escribió la Declaración de Independencia?

- (Thomas) Jefferson

62. Who wrote the Declaration of Independence?

- Thomas Jefferson

La Declaración de Independencia fue escrita por Thomas Jefferson en junio de 1776.

63. ¿Cuándo fue adoptada la Declaración de Independencia?

- el 4 de julio de 1776

63. When was the Declaration of Independence adopted?

- July 4, 1776

El Congreso ratificó la Declaración de Independencia el 4 de julio de 1776. La Declaración de Independencia dice que las Trece Colonias eran independientes del gobierno de Gran Bretaña.

64. Había 13 estados originales. Nombre tres.

- Nueva Hampshire
- Massachusetts
- Rhode Island
- Connecticut
- Nueva York
- Nueva Jersey
- Pensilvania
- Delaware
- Maryland
- Virginia
- Carolina del Norte
- Carolina del Sur
- Georgia

64. There were 13 original states. Name <u>three</u>.

- New Hampshire
- Massachusetts
- Rhode Island
- Connecticut
- New York
- New Jersey
- Pennsylvania
- Delaware
- Maryland
- Virginia
- North Carolina
- South Carolina
- Georgia

Las Trece Colonias fueron originalmente colonias británicas en la costa atlántica de América del Norte. Fueron fundados en los siglos XVII y XVIII.

65. ¿Qué ocurrió en la Convención Constitucional?

- Se redactó la Constitución.
- Los Padres Fundadores redactaron la Constitución.

65. What happened at the Constitutional Convention?

- The Constitution was written
- The Founding Fathers wrote the Constitution

La Convención Constitucional tuvo lugar entre 1787 y 1789 en Filadelfia. Su objetivo principal era abordar los problemas que se encuentran en los Artículos de Confederación, especialmente las limitaciones de un gobierno central débil.

66. ¿Cuándo fue redactada la Constitución?

- 1787

66. When was the Constitution written?

- 1787

La Constitución fue escrita en 1787 durante la Convención Constituyente.

67. Los escritos conocidos como "Los Documentos Federalistas" respaldaron la aprobación de la Constitución de los Estados Unidos. Nombre uno de sus autores.

- (James) Madison
- (Alexander) Hamilton
- (John) Jay
- Publius

67. The Federalist Papers supported the passage of the U.S. Constitution. Name <u>one</u> of the writers.

- James Madison
- Alexander Hamilton
- John Jay
- Publius

Los Documentos Federalistas se escribieron para abogar por la ratificación de la Constitución. James Madison, Alexander Hamilton y John Jay escribieron bajo el seudónimo de "Publius".

68. Mencione una razón por la que es famoso Benjamin Franklin.

- diplomático americano
- el miembro de mayor edad de la Convención Constitucional
- primer Director General de Correos de Estados Unidos
- autor de "Poor Richard's Almanac" (Almanaque del Pobre Richard)
- fundó las primeras bibliotecas gratuitas

68. What is <u>one</u> thing Benjamin Franklin is famous for?

- U.S. diplomat
- Oldest member of the Constitutional Convention
- First postmaster General of the United States
- Writer of "Poor Richard's Almanac"
- Started the first free libraries

Benjamin Franklin fue un diplomático, estadista, inventor, humorista, activista cívico, científico, político, teórico político, autor, impresor, masón y administrador de correos. Es conocido por sus descubrimientos relacionados con la electricidad. También fundó organizaciones cívicas. Franklin fue delegado en la Convención Constitucional. Firmó los cuatro documentos principales relacionados con la fundación de los Estados Unidos.

69. ¿Quién se conoce como el "Padre de Nuestra Nación"?

- (George) Washington

69. Who is the "Father of Our Country"?

- George Washington

George Washington fue el primer presidente de los Estados Unidos. También fue un Padre Fundador. Washington llevó a los patriotas estadounidenses a la victoria sobre Gran Bretaña.

70. ¿Quién fue el primer Presidente?*

- (George) Washington

70. Who was the first President?*

La primera presidencia de los Estados Unidos, a cargo de George Washington, duró de 1789 a 1797.

B: Los años 1800

71. ¿Qué territorio compró Estados Unidos a Francia en 1803?

- el territorio de Louisiana
- Louisiana

71. What territory did the United States buy from France in 1803?

- The Louisiana Territory
- Louisiana

La compra de esta tierra se conoce como la Compra de Luisiana. Permitió a los EE. UU. ganar 827,000 millas cuadradas de tierra por $ 15 millones.

72. Mencione una guerra en la que peleó los Estados Unidos durante los años 1800.

- la Guerra de 1812
- la Guerra entre México y los Estados Unidos
- la Guerra Civil
- la Guerra Hispano-Estadounidense (Hispano-americana)

72. Name <u>one</u> war fought by the United States in the 1800s.

- War of 1812
- Mexican-American War
- Civil War
- Spanish-American War

Estados Unidos luchó un total de cuatro guerras en el siglo XIX. La guerra de 1812 fue entre Estados Unidos y Gran Bretaña. La Guerra México-Estadounidense fue entre los Estados Unidos y México. La Guerra Civil fue entre el norte y el sur de Estados Unidos. La Guerra Hispanoamericana fue entre Estados Unidos y España.

73. Dé el nombre de la guerra entre el Norte y el Sur de los Estados Unidos.

- la Guerra Civil
- la Guerra entre los Estados

73. Name the U.S. war between the North and the South.

- The Civil War
- The War between the States

La Guerra Civil se libró desde 1861 hasta 1865 y causó alrededor de 620.000 muertos. El Sur se separó como los Estados Confederados de América con Jefferson Davis como presidente. Abraham Lincoln fue presidente de la Unión (el Norte).

74. Mencione un problema que condujo a la Guerra Civil.

- esclavitud
- razones económicas
- derechos de los estados

74. Name one problem that led to the Civil War.

- Slavery
- Economic reasons
- States' rights

El norte y el sur de Estados Unidos no estuvieron de acuerdo sobre la economía de la esclavitud. Tampoco estuvieron de acuerdo en expandir la institución de la esclavitud a nuevos territorios en Occidente. Estos desacuerdos plantearon la cuestión de los derechos de los estados bajo un gobierno central.

75. ¿Cuál fue una cosa importante que hizo Abraham Lincoln?*

- liberó a los esclavos (Proclamación de la Emancipación)
- salvó (o preservó) la Unión
- presidió los Estados Unidos durante la Guerra Civil

75. What was one important thing that Abraham Lincoln did?*

- Freed the slaves (Emancipation Proclamation)
- Saved (or preserved) the Union
- Led the United States during the Civil War

Abraham Lincoln emitió la Proclamación de Emancipación el 1 de enero de 1863. Este documento liberó a todos los esclavos de la Confederación. Lincoln también fue el Comandante en Jefe durante la Guerra Civil. Efectivamente salvó a la Unión durante un tiempo de guerra.

76. ¿Qué hizo la Proclamación de la Emancipación?

- liberó a los esclavos
- liberó a los esclavos de la Confederación
- liberó a los esclavos en los estados de la Confederación
- liberó a los esclavos en la mayoría de los estados del sur

76. What did the Emancipation Proclamation do?

- Freed the slaves
- Freed slaves in the Confederacy
- Freed slaves in the Confederate states
- Freed slaves in most Southern states

La Proclamación de Emancipación se emitió en el tercer año de la Guerra Civil. Este documento otorgó libertad a los esclavos dentro de los estados rebeldes.

77. ¿Qué hizo Susan B. Anthony?

- luchó por los derechos de la mujer
- luchó por los derechos civiles

77. What did Susan B. Anthony do?

- Fought for women's rights
- Fought for civil rights

Susan B. Anthony fue autora, oradora, abolicionista, sufragista y presidenta de la Asociación Nacional Estadounidense del Sufragio Femenino. Anthony votó ilegalmente en las elecciones presidenciales de 1872. Fue arrestada y multada con $100.

C: Historia estadounidense reciente y otra información histórica importante

78. Mencione una guerra durante los años 1900 en la que peleó los Estados Unidos.*

- la Primera Guerra Mundial
- la Segunda Guerra Mundial
- la Guerra de Corea
- la Guerra de Vietnam
- la Guerra del Golfo (Pérsico)

78. Name <u>one</u> war fought by the United States in the 1900s.*

- World War I
- World War II
- Korean War
- Vietnam War
- (Persian) Gulf War

Estados Unidos luchó en cinco guerras en el siglo XX. Estados Unidos se unió a las Potencias Aliadas durante la Primera Guerra Mundial en 1917 contra Alemania, Austria-Hungría, Bulgaria y el Imperio Otomano (las Potencias Centrales). Estados Unidos se unió a los Aliados durante la Segunda Guerra Mundial en 1941 y luchó contra Japón, Alemania e

Italia (el Eje). Estados Unidos se alió con Corea del Sur en la Guerra de Corea de 1950 a 1953, y nuevamente luchó con Vietnam del Sur contra Vietnam del Norte de 1959 a 1973. La Guerra del Golfo Pérsico duró de 1990 a 1991 contra Irak como respuesta a la invasión de Kuwait por parte de Irak.

79. ¿Quién era el presidente durante la Primera Guerra Mundial?

- (Woodrow) Wilson

79. Who was President during World War I?

- Woodrow Wilson

Woodrow Wilson fue presidente de 1913 a 1921. Wilson luchó para mantenerse al margen del conflicto bélico cuando comenzó en 1914. Sin embargo, finalmente le pidió al Congreso que declarara la guerra en 1917 sobre la base de mantener la democracia.

80. ¿Quién era presidente durante la Gran Depresión y la Segunda Guerra Mundial?

- (Franklin) Roosevelt

80. Who was the President during the Great Depression and World War II?

- Franklin Roosevelt

Franklin Delano Roosevelt fue presidente de 1933 a 1945. La Gran Depresión terminó cuando Estados Unidos entró en la Segunda Guerra Mundial en 1941. Roosevelt fue conocido por expandir los poderes del gobierno federal a través del *New Deal*. El *New Deal* ofreció programas y reformas para ayudar en la Gran Depresión.

81. ¿Contra qué países peleó Estados Unidos en la Segunda Guerra Mundial?

- Japón, Alemania e Italia

81. Who did the United States fight in World War II?

- Japan, Germany, and Italy

Estados Unidos luchó contra Japón, Alemania e Italia durante la Segunda Guerra Mundial. Japón, Alemania e Italia eran conocidas como las potencias del Eje. Los aliados eran Francia, Gran Bretaña, Estados Unidos, la Unión Soviética y China.

82. Antes de ser presidente, Eisenhower era general. ¿En qué guerra participó?

- Segunda Guerra Mundial

82. Before he was President, Eisenhower was a general. What war was he in?

- World War II

Eisenhower fue comandante supremo de las fuerzas aliadas en Europa occidental a partir de 1943. Dirigió la invasión de la Europa ocupada por los nazis en 1944.

83. Durante la Guerra Fría, ¿cuál era la principal preocupación de los Estados Unidos?

- Comunismo

83. During the Cold War, what was the main concern of the United States?

- Communism

La Guerra Fría fue un estado de rivalidad entre la Unión Soviética y los Estados Unidos después de la Segunda Guerra Mundial. La Guerra Fría duró unos 45 años. No hubo lucha directa entre los Estados Unidos y la Unión Soviética. Estados Unidos prometió detener el comunismo mientras la Unión Soviética trabajaba para expandirlo.

84. ¿Qué movimiento trató de poner fin a la discriminación racial?

- (el movimiento de) derechos civiles

84. What movement tried to end racial discrimination?

- Civil Rights Movement

El Movimiento por los Derechos Civiles tuvo lugar durante las décadas de 1950 y 1960. Fue un movimiento de justicia social para que los estadounidenses negros obtuvieran los mismos derechos en los Estados Unidos.

85. ¿Qué hizo Martin Luther King, Jr.?*

- luchó por los derechos civiles
- trabajó por la igualdad de todos los ciudadanos americanos

85. What did Martin Luther King Jr. do?*

- Fought for civil rights
- Worked for equality for all Americans

Martin Luther King, Jr. fue un ministro y activista bautista. Fue el principal portavoz durante el movimiento de derechos civiles. King encabezó protestas no violentas, organizó marchas y alentó la desobediencia civil. King fue asesinado en 1968 en Tennessee.

86. ¿Qué suceso de gran magnitud ocurrió el 11 de septiembre de 2001 en los Estados Unidos?

- Terroristas atacaron los Estados Unidos.

86. What major event happened on September 11, 2001, in the United States?

- Terrorists attacked the United States

Los ataques del 11 de septiembre ocurrieron cuando el grupo terrorista islámico al-Qaeda secuestró cuatro aviones de pasajeros. Los terroristas los estrellaron contra las torres norte y sur del World Trade Center, el Pentágono y un campo en Pensilvania.

87. Mencione una tribu de indios americanos en los Estados Unidos.

[A los oficiales del USCIS se les dará una lista de tribus amerindias reconocidas a nivel federal].

- Cherokee
- Navajo
- Chippewa
- Choctaw
- Pueblo
- Apache
- Iroquois
- Creek
- Blackfeet
- Seminole
- Cheyenne
- Arawak
- Shawnee
- Mohegan
- Huron
- Oneida
- Lakota
- Crow
- Teton
- Hopi
- Inuit

87. Name <u>one</u> American Indian tribe in the United States.

- Cherokee
- Navajo
- Sioux
- Chippewa
- Choctaw
- Pueblo
- Apache
- Iroquois
- Creek
- Blackfeet
- Seminole
- Cheyenne
- Arawak
- Shawnee
- Mohegan
- Huron
- Oneida
- Lakota
- Crow
- Teton
- Hopi
- Inuit

Dado que hay muchas otras tribus en los Estados Unidos, los oficiales de USCIS recibirán una lista de las tribus indígenas americanas reconocidas a nivel federal para garantizar una puntuación precisa.

EDUCACIÓN CÍVICA
INTEGRADA

A: Geografía

88. Mencione uno de los dos ríos más largos en los Estados Unidos.

- (el Río) Missouri
- (el Río) Mississippi

88. Name <u>one</u> of the two longest rivers in the United States.

- Missouri River
- Mississippi River

El río Missouri tiene 2.341 millas de largo; se extiende desde el oeste de Montana y desemboca en el río Mississippi en Missouri. El río Mississippi tiene 2.202 millas de largo; se extiende desde Minnesota y desemboca en el Golfo de México.

89. ¿Qué océano está en la costa oeste de los Estados Unidos?

- (el Océano) Pacífico

89. What ocean is on the West Coast of the United States?

- Pacific Ocean

El Océano Pacífico está en la frontera occidental de Estados Unidos, cerca de California, Oregón, Washington y Alaska.

90. ¿Qué océano está en la costa este de los Estados Unidos?

- (el Océano) Atlántico

90. What ocean is on the East Coast of the United States?

- Atlantic Ocean

El Océano Atlántico está en la costa este de Estados Unidos. Catorce estados tienen costa en el Océano Atlántico.

91. Dé el nombre de un territorio de los Estados Unidos.

- Puerto Rico
- Islas Vírgenes de Estados Unidos
- Samoa Estadounidense
- Islas Marianas del Norte
- Guam

91. Name <u>one</u> U.S. territory.

- Puerto Rico
- U.S. Virgin Islands
- American Samoa
- Northern Mariana Islands
- Guam

Actualmente, EE. UU. tiene dieciséis territorios, cinco de los cuales están poblados y se enumeran arriba. A los territorios anteriores, con la excepción de Samoa Americana, se les otorga la ciudadanía estadounidense al nacer.

92. Mencione un estado que tiene frontera con Canadá.

- Maine
- Nueva Hampshire
- Vermont
- Nueva York
- Pensilvania
- Ohio
- Michigan
- Minnesota
- Dakota del Norte
- Montana
- Idaho
- Washington
- Alaska

92. Name one state that borders Canada.

- Maine
- New Hampshire
- Vermont
- New York
- Pennsylvania
- Ohio
- Michigan
- Minnesota
- North Dakota
- Montana
- Idaho
- Washington
- Alaska

Trece estados de EE. UU. limitan con Canadá en el norte de Estados Unidos.

93. Mencione un estado que tiene frontera con México.

- California
- Arizona
- Nuevo México
- Texas

93. Name <u>one</u> state that borders Mexico.

- California
- Arizona
- New Mexico
- Texas

Los estados que limitan con México son California, Arizona, Nuevo México y Texas. Esta área se extiende por 1.954 millas.

94. ¿Cuál es la capital de los Estados Unidos?*

- Washington, D.C.

94. What is the capital of the United States?*

- Washington, D.C.

Washington D.C. se convirtió en la capital de los Estados Unidos en 1790 cuando se firmó la Ley de Residencia. El Distrito no es parte de ningún estado. Se hizo para servir como un distrito federal bajo la autoridad del Congreso.

95. ¿Dónde está la Estatua de la Libertad?*

- (el puerto de) Nueva York
- Liberty Island

[Otras respuestas aceptables son Nueva Jersey, cerca de la Ciudad de Nueva York y (el Río) Hudson].

95. Where is the Statue of Liberty?*

- New York (Harbor)
- Liberty Island

(Additionally, you can say New Jersey, near New York City, and on the Hudson River.)

La Estatua de la Libertad fue un regalo de Francia a los Estados Unidos. Está destinado a honrar la amistad entre los dos países. La estatua es una diosa de la libertad romana con túnica llamada Libertas. Tiene un mensaje en su tableta que dice 4 de julio de 1776 (Día de la Independencia) en números romanos.

B: Símbolos

96. ¿Por qué hay 13 franjas en la bandera?

- porque representan las 13 colonias originales
- porque las franjas representan las colonias originales

96. Why does the flag have 13 stripes?

- Because there were 13 original colonies
- Because the stripes represent the original colonies

La bandera tiene 13 franjas. Simbolizan las 13 colonias que declararon su independencia de Gran Bretaña.

97. ¿Por qué hay 50 estrellas en la bandera?*

- porque hay una estrella por cada estado
- porque cada estrella representa un estado
- porque hay 50 estados

97. Why does the flag have 50 stars?*

- Because there is one star for each state
- Because each star represents a state
- Because there are 50 states

Las estrellas de la bandera estadounidense representan los 50 estados. Se agregaba una estrella cada vez que Estados Unidos se enfrentaba a un estado. Hawái fue el último estado agregado en 1959.

98. ¿Cómo se llama el himno nacional?

- The Star-Spangled Banner

98. What is the name of the national anthem?

- The Star-Spangled Banner

Francis Scott Key escribió Star-Spangled Banner en 1814. Lo escribió después de la Batalla de Baltimore durante la Guerra de 1812.

C: Días feriados

99. ¿Cuándo celebramos el Día de la Independencia?*

- el 4 de julio

99. When do we celebrate Independence Day?*

- July 4

El 4 de julio es el día en que se publicó la Declaración de Independencia en 1776.

100. Mencione dos días feriados nacionales de los Estados Unidos.

- el Día de Año Nuevo
- el Día de Martin Luther King, Jr.
- el Día de los Presidentes
- el Día de la Recordación
- el Día de la Independencia
- el Día del Trabajo
- el Día de la Raza (Cristóbal Colón)
- el Día de los Veteranos
- el Día de Acción de Gracias
- el Día de Navidad

100. Name two national holidays.

- New Year's Day
- Martin Luther King, Jr. Day
- Presidents' Day
- Memorial Day
- Independence Day
- Labor Day
- Columbus Day
- Veterans Day
- Thanksgiving
- Christmas

Las fiestas nacionales son reconocidas por el gobierno de los Estados Unidos. A los empleados federales se les paga en días festivos nacionales. Además, las oficinas del gobierno federal no esenciales están cerradas.

Examínese usted mismo

1. ¿Cuál es la ley suprema de la nación?

2. ¿Qué hace la Constitución?

3. Las primeras tres palabras de la Constitución contienen la idea del autogobierno (de que el pueblo se gobierna a sí mismo). ¿Cuáles son estas palabras?

4. ¿Qué es una enmienda?

5. ¿Con qué nombre se conocen las primeras diez enmiendas a la Constitución?

6. ¿Cuál es un derecho o libertad que la Primera Enmienda garantiza?*

7. ¿Cuántas enmiendas tiene la Constitución?

8. ¿Qué hizo la Declaración de Independencia?

9. ¿Cuáles son dos derechos en la Declaración de la Independencia?

10. ¿En qué consiste la libertad de religión?

11. ¿Cuál es el sistema económico de los Estados Unidos?*

12. ¿En qué consiste el "estado de derecho" (ley y orden)?

13. Nombre una rama o parte del gobierno.*

14. ¿Qué es lo que evita que una rama del gobierno se vuelva demasiado poderosa?

15. ¿Quién está a cargo de la rama ejecutiva?

16. ¿Quién crea las leyes federales?

17. ¿Cuáles son las dos partes que integran el Congreso de los Estados Unidos?*

18. ¿Cuántos senadores de los Estados Unidos hay?

19. ¿De cuántos años es el término de elección de un senador de los Estados Unidos?

20. Nombre a uno de los senadores actuales del estado donde usted vive.*

21. ¿Cuántos miembros votantes tiene la Cámara de Representantes?

22. ¿De cuántos años es el término de elección de un representante de los Estados Unidos?

23. Dé el nombre de su representante a nivel nacional.

24. ¿A quiénes representa un senador de los Estados Unidos?

25. ¿Por qué tienen algunos estados más representantes que otros?

26. ¿De cuántos años es el término de elección de un presidente?

27. ¿En qué mes votamos por un nuevo presidente?*

28. ¿Cómo se llama el actual Presidente de los Estados Unidos?*

29. ¿Cómo se llama el actual Vicepresidente de los Estados Unidos?

30. Si el Presidente ya no puede cumplir sus funciones, ¿quién se convierte en Presidente?

31. Si tanto el Presidente como el Vicepresidente ya no pueden cumplir sus funciones, ¿quién se convierte en Presidente?

32. ¿Quién es el Comandante en Jefe de las Fuerzas Armadas?

34. ¿Quién veta los proyectos de ley?

35. ¿Qué hace el Gabinete del Presidente?

36. ¿Cuáles son dos puestos a nivel de gabinete?

37. ¿Qué hace la rama judicial?

38. ¿Cuál es el tribunal más alto de los Estados Unidos?

39. ¿Cuántos jueces hay en la Corte Suprema?

40. ¿Quién es el presidente actual de la Corte Suprema de los Estados Unidos?

41. De acuerdo a nuestra Constitución, algunos poderes pertenecen al gobierno federal. ¿Cuál es un poder del gobierno federal?

42. De acuerdo a nuestra Constitución, algunos poderes pertenecen a los estados. ¿Cuál es un poder de los estados?

43. ¿Quién es el gobernador actual de su estado?

44. ¿Cuál es la capital de su estado?*

45. ¿Cuáles son los dos principales partidos políticos de los Estados Unidos?*

46. ¿Cuál es el partido político del Presidente actual?

47. ¿Cómo se llama el Presidente actual de la Cámara de Representantes?

48. Existen cuatro enmiendas a la Constitución sobre quién puede votar. Describa una de ellas.

49. ¿Cuál es una responsabilidad que corresponde sólo a los ciudadanos de los Estados Unidos?*

50. ¿Cuál es un derecho que pueden ejercer sólo los ciudadanos de los Estados Unidos?

51. ¿Cuáles son dos derechos que pueden ejercer todas las personas que viven en los Estados Unidos?

52. ¿A qué demostramos nuestra lealtad cuando decimos el Juramento de Lealtad (Pledge of Allegiance)?

53. ¿Cuál es una promesa que usted hace cuando se convierte en ciudadano de los Estados Unidos?

54. ¿Cuántos años tienen que tener los ciudadanos para votar por el Presidente?*

55. ¿Cuáles son dos maneras mediante las cuales los ciudadanos americanos pueden participar en su democracia?

56. ¿Cuál es la fecha límite para enviar la declaración federal de impuestos sobre ingresos?*

57. ¿Cuándo deben inscribirse todos los hombres en el Servicio Selectivo?

58. ¿Cuál es una razón por la que los colonos vinieron a América?

59. ¿Quiénes vivían en lo que hoy conocemos como los Estados Unidos antes de la llegada de los europeos?

60. ¿Qué grupo de personas fue traído a los Estados Unidos y vendidos como esclavos?

61. ¿Por qué lucharon los colonos contra los británicos?

62. ¿Quién escribió la Declaración de Independencia?

63. ¿Cuándo fue adoptada la Declaración de Independencia?

64. Había 13 estados originales. Nombre tres.

65. ¿Qué ocurrió en la Convención Constitucional?

66. ¿Cuándo fue redactada la Constitución?

67. Los escritos conocidos como "Los Documentos Federalistas" respaldaron la aprobación de la

68. Mencione una razón por la que es famoso Benjamin Franklin.

69. ¿Quién se conoce como el "Padre de Nuestra Nación"?

70. ¿Quién fue el primer Presidente?*

71. ¿Qué territorio compró Estados Unidos a Francia en 1803?

72. Mencione una guerra en la que peleó los Estados Unidos durante los años 1800.

73. Dé el nombre de la guerra entre el Norte y el Sur de los Estados Unidos.

74. Mencione un problema que condujo a la Guerra Civil.

75. ¿Cuál fue una cosa importante que hizo Abraham Lincoln?*

76. ¿Qué hizo la Proclamación de la Emancipación?

77. ¿Qué hizo Susan B. Anthony?

78. Mencione una guerra durante los años 1900 en la que peleó los Estados Unidos.*

79. ¿Quién era el presidente durante la Primera Guerra Mundial?

80. ¿Quién era presidente durante la Gran Depresión y la Segunda Guerra Mundial?

81. ¿Contra qué países peleó Estados Unidos en la Segunda Guerra Mundial?

82. Antes de ser presidente, Eisenhower era general. ¿En qué guerra participó?

83. Durante la Guerra Fría, ¿cuál era la principal preocupación de los Estados Unidos?

85. ¿Qué hizo Martin Luther King, Jr.?*

86. ¿Qué suceso de gran magnitud ocurrió el 11 de septiembre de 2001 en los Estados Unidos?

87. Mencione una tribu de indios americanos en los Estados Unidos.

88. Mencione uno de los dos ríos más largos en los Estados Unidos.

89. ¿Qué océano está en la costa oeste de los Estados Unidos?

90. ¿Qué océano está en la costa este de los Estados Unidos?

91. Dé el nombre de un territorio de los Estados Unidos.

92. Mencione un estado que tiene frontera con Canadá.

93. Mencione un estado que tiene frontera con México.

94. ¿Cuál es la capital de los Estados Unidos?*

95. ¿Dónde está la Estatua de la Libertad?*

96. ¿Por qué hay 13 franjas en la bandera?

97. ¿Por qué hay 50 estrellas en la bandera?*

98. ¿Cómo se llama el himno nacional?

99. ¿Cuándo celebramos el Día de la Independencia?*

100. Mencione dos días feriados nacionales de los Estados Unidos.

¡Saludos!

En primer lugar, nos gustaría darle las gracias por elegirnos a nosotros y esta guía de estudio para su proceso de naturalización. Esperamos que lo lleve al éxito en el proceso y en los años venideros.

Nos esforzamos por lograr la excelencia en nuestros productos, y si tiene algún comentario o inquietud sobre la calidad de algo en esta guía de estudio, por favor no dude en enviarnos un correo electrónico para que podamos mejorar.

Estamos continuamente produciendo y actualizando guías de estudio en varios temas distintos. Si busca algo en particular, todos nuestros productos están disponibles en Amazon. ¡También puede enviarnos un correo electrónico!

Cordialmente,
APEX Test Prep
info@apexprep.com